REFLEXIONS

ET OBSERVATIONS

SUR LES SUBSISTANCES.

PAR R. RIVES, Citoyen Français, domicilié à Paris, et actuellement à sa maison à la Roche-Guyon.

RÉFLEXIONS
ET OBSERVATIONS
SUR LES SUBSISTANCES.

Le législateur Chabot marque le plus grand zèle ; mais on pense qu'il se trompe en finances, en politique nationale ou républicaine, et sur-tout sur les grands moyens propres à assurer une subsistance suffisante et relative à vingt-cinq millions de citoyens composant la république française.

Oui, sans doute, le riche doit venir au secours de l'indigent : mais en ajoutant encore, si cela étoit possible, aux idées de Chabot, on suppose, on admet même, que tous les riches, soit de propre mouvement, soit forcément, ont procuré une valeur numérique réelle de cinquante millions, qui représente le prix de la subsistance annuelle positive du tiers de la population de la république, porté à vingt-cinq millions d'individus, à raison de deux setiers chacun, mesure de Paris, poids de deux cents quarante livres, et au prix de trente livres ; il n'en résulteroit aucun bien réel. On est sûr que les résultats de ces calculs ne seront pas contestés.

Voilà donc 500 millions donnés de gré, ou de force, par les riches : mais ce moyen extrême procurera-t-il la satisfaction consolante de voir, soit le cultivateur, soit l'accapareur, soit le monopoleur, s'empresser d'ouvrir leurs granges, leurs greniers, leurs resserres ; et baissant de propre mouvement le prix énorme qu'ils réussissent à maintenir, *malgré la loi du maximum*, se porter à vendre leur bled de première qualité, à raison de deux sols six deniers la livre, ou 30 liv. le setier, susdites mesures et poids.

Non, non, les propriétaires quelconques des grains, toujours cupides, en fixant les 500 millions déposés pour venir au secours de l'indigent, chercheront et réussiront à se les approprier, par tous les moyens odieux qu'ils sont toujours parvenus à employer. On doit à la vérité, de dire qu'il est quelques laboureurs, et on en connoît, qui se sont prêtés et se prêteront toujours à bien faire. Ceux-là ne peuvent opérer de prépondérance. C'est un sur dix mille.

Ce taux, ce prix de 30 liv. le setier de première qualité de froment, est incontestablement reconnu depuis long-tems pour être base invariable de la subsistance pour la grande classe des indigens, relativement au prix *qu'il est possible* de donner à ses journées de travail ; et sur-tout, parce que le prix du froment de première qualité étant maintenu à 30 l. la mesure, ou deux sols six deniers la livre, alors l'indigent trouvera dans le froment inférieur, dans le méteil, le seigle et l'orge, un pain nourrissant et sain qui lui coûtera un quart, un tiers, même moitié moins. Mais ne nous abusons point : la cupidité, le monopole, sont sourds à tous les sentimens de la moralité ; cela n'est actuellement que trop prouvé, comme il l'est également, que la liberté indéfinie du commerce des subsistances est un abus qu'il faut enfin contenir, réprimer ; et le moyen d'y parvenir ne sera jamais de *mettre en évidence de grandes valeurs pour acheter le grain*, mais de forcer les cultivateurs, propriétaires ou fermiers, les propriétaires enfin de greniers accaparés, de garnir les marchés : *alors la concurrence établira tout naturellement un taux, un prix convenable.*

Le rédacteur de ces observations ayant prévu depuis long-tems, et sur-tout en juin quatre-vingt-neuf, les grands inconvéniens qui pouvoient avoir lieu sur l'objet capital des subsistances, il a cru qu'il étoit de son devoir de citoyen, de donner un résumé de ses idées en juin 1792. Il a persisté en octobre suivant, en rendant compte de ce qui se passoit sous ses yeux dans l'ancien Vexin Français, actuellement district de Mantes, département de Seine et Oise. Alors, comme en juin précédent, il proposoit, non un recensement général des grains par *commissaires*, parce que ce mode est au moins toujours abusif, mais par *déclaration publique, devant les municipaux de chaque commune*, par tous les cultivateurs, de la quantité de GERBES de tous grains qu'ils auroient récoltés. Ces déclarations pouvoient être faites facilement, sûrement et sans abus quelconques, en octobre et décembre 1792, de manière que très-facilement encore, la convention, la nation entière auroient connu en février de 1793, au plus tard, le résultat de toutes les productions, en grains, de la république.

Tous ces procédés étoient aussi simples que justes et faciles : mais alors on a opposé, on a réclamé la liberté indéfinie du commerce des grains ; et de tout ce qui a eu lieu ensuite, il en est résulté que les abus se sont multipliés.

Mais d'une part il est impossible, il n'est pas vrai que la très-bonne récolte de 1792 soit consommée. Mais la récolte très-abondante en grains de 1793, qui est presque généralement faite et à l'abri des désastres, existe intérieurement.

Voilà des bases invariables sur lesquelles s'appuyent les moyens certains de remédier à tout, en profitant des leçons de l'expérience acquise depuis 1789 seulement ; car bien loin de chercher à fixer les tems qui ont précédé, ne fût-ce qu'à dater de l'administration désastreuse de l'abbé Terray, il faut en éloigner la pensée.

La bonne volonté, l'énergie, la pureté d'intention et d'action, ne peuvent seules suffire pour faire de bonnes loix, ou pour administrer.

L'étude même du cabinet est souvent insuffisante, et ne produit ordinairement que des systêmes dangereux, lorsque le savant n'a pas eu les occasions de mûrir, d'épurer ses idées par les résultats d'une expérience indispensable sur certains objets, tels, sur-tout, que celui des subsistances.

Il existe actuellement plusieurs propositions appuyées, pour l'établissement de greniers d'abondance ou publics, dans chacun des districts de la république.

Je m'y oppose : et quoiqu'il soit plus commode (dira-t-on) de copier, que de s'expliquer, c'est par les observations de Duhem que je commencerai à répondre ; j'aurai peu à y ajouter ; les voici, telles que je les trouve dans le *Moniteur* du 23 août courant, et au surplus, telles que je les adopte et les approuve.

« Je m'oppose (dit Duhem) à ce qu'on » mette en administration, ou en régie, les » subsistances du peuple ; ce sont toutes ces » administrations qui nous font mourir de » faim. C'est là que se nichent le méchant, » tous les intriguans, les voleurs de toute » espèce, et les dilapidateurs les plus effrontés, » les plus coupables. Il ne faut pas non plus » se reposer encore sur le désintéressement » des hommes ; il en est trop peu dans la gé» nération actuelle, qui, dégagés de tout » égoïsme, sacrifient leurs intérêts personnels » à l'intérêt général. Vous ne pouvez placer » toute votre confience que dans la masse po» pulaire ; c'est là seulement qu'on trouve la » véritable probité. C'est donc au peuple lui» même qu'il faut laisser le soin d'assurer ses » subsistances ; fermez vos portes, fermez » toutes les issues de la république par où les » grains s'écoulent et vont alimenter nos pro» pres ennemis. Faites que les récoltes de la » France servent uniquement à nourrir ses » habitans : voilà tout le secret de l'abondance, » et la proposition que je fais ».

J'ajonte à cela, que, dans la quantité des considérations à examiner mûrement et prudemment, en voici quelques principales à fixer.

1°. Indépendamment des frais immenses que l'établissement de ces greniers d'abondance dans chaque district ou ailleurs occasionnera, n'y aura-t-il pas encore les salaires à donner aux personnes employées en chef, en sous-ordre, en manipulations?

2°. Ces employés, depuis le chef, jusqu'au dernier des pêleteurs, seront-ils tous, non-seulement honnêtes et probes, mais encore bien au fait des connoissances indispensablement nécessaires pour la conservation des grains et sur-tout celle des farines?

3°. Ces greniers seront-ils établis de manière à devoir suffire aux besoins de tous les individus de district?

4°. Ces greniers garniront-ils tous les marchés anciennement établis dans l'étendue de chaque district, et aussi ceux à établir, si besoin est, ainsi que le porte une loi, et ainsi que la simple raison le commande, pour le plus grand bien des citoyens? ou bien, les citoyens, dans chaque arrondissement des districts, seront-ils obligés de s'approvisionner au seul grenier du district, ce que l'on ne présume pas devoir, ni pouvoir être?

En admettant, au surplus, que tout a été sagement prévu, et que l'opinion de la majorité est pour l'établissement des greniers d'abondance dans chaque district ; une autre considération *très-grave, très-majeure*, doit être préalablement pesée avec plus de soin et d'attention encore que tout ce qui vien d'être objecté : c'est le résultat des accident simples, ou des événemens imprévus de l'atrocité ou d'une émeute partielle.

Ce résultat à prévoir, est l'incendie ou le pillage et la dévastation d'un ou plusieurs de ces greniers d'abondance.

C'est avec douleur que l'on se voit forcé de présenter ce dernier résultat.

En résumant ce qui vient d'être exposé, il en résulte que l'ignorance, la malveillance, l'atrocité, et ensuite les dépenses incalculables, forment des objections auxquelles il est difficile, pour ne pas dire impossible de répondre, contre l'établissement des greniers prétendus d'abondance : *n'oublions jamais que l'abbé Terray avoit établi ses greniers dans tout le royaume.* Voilà les objections principales auxquelles il y en auroit d'autres, encore, et des développemens à ajouter : mais le tems presse ; d'ailleurs l'objet unique de ces réflexions se bornant à engager à bien réfléchir *sur la nécessité de parvenir à la conser-*

vation des grains et farines, d'une part, et *ensuite à une distribution sûre et commode pour le cultivateur* et *le consommateur* desdits grains et farines, il devient préalablement nécessaire d'établir une *confiance réciproque* et *salutaire*.

Alors on a pensé, et on pensera toujours que les vrais greniers d'abondance sont et existent dans les *granges*, dans les *meules* des cultivateurs et dans *les dépôts des halles* de chaque marché de la république. Un grenier d'abondance est bien utile au milieu d'une cité et d'une population circonscrite et peu considérable, tel qu'à Genève. Là, il est possible de surveiller les opérations indispensables pour la conservation des grains ; mais dans la république française, mais à Paris, mais dans une ville seconde même, les greniers d'abondance ne réussiront jamais, ou plutôt seront désastreux. On persiste donc à s'opposer à ce que les subsistances du peuple soient mises en administration on en régie. On s'y oppose, d'après les principes de Duhem : principes que l'on avoit depuis long-tems, et que l'on a communiqués en juin 1792, à plusieurs membres de l'assemblée législative ; ensuite, en octobre suivant, dans une pétition que les habitans d'une commune du district de Mantes, département de Seine et Oise, ont engagé le rédacteur, propriétaire depuis 48 ans dans cette commune, de faire en leurs noms collectifs.

Le rédacteur ayant considéré en cela, que c'étoit de sa part un devoir de patriotisme à acquitter, il a employé dans cette pétition tous les résultats d'une longue expérience, qu'il a eu les occasions d'acquérir dans l'ancienne administration ; et c'est pour d'autant plus développer ces résultats, leurs conséquences et les principes, qu'il croit devoir donner ici une copie littérale de ladite pétition qui a été adressée en octobre 1792 à plusieurs des membres de l'assemblée actuelle de la convention.

COPIE.

(Département de Seine et Oise, district de Mantes. La Roche-Guyon, chef-lieu de canton.

Les Maire et Officiers Municipaux, Electeurs actuels, et Concitoyens de la commune de la Roche-Guyon, soussignés : soumission et confiance :

Aux Représentans Conventionels de la République Française.

La commune de la Roche-Guyon partage depuis long-tems, sur-tout à dater de l'hyver de 1789, avec les autres communes avoisinantes, *même avec toute la France*, le resserrement ou la disette plus ou moins prononcée des subsistances : ainsi son objet capital, en s'adressant directement aujourd'hui à la convention nationale, est d'en obtenir un *réglement général* dont le bien-être puisse être commun avec tous les citoyens de la république française.

Les assemblées constituante et législative, qui vous ont précédé, continuellement entravées par de criminels efforts en tous genres, n'ont pu faire jouir la nation de la plénitude des deux premiers et principaux biens essentiels : *les moyens d'exister par les subsistances*, sur-tout pour la nombreuse classe des indigens ; et *l'instruction générale et commune sur les bases* immuables de la moralité. Notre entière confiance dans la convention nous persuade que vous remplirez ces deux tâches importantes à la satisfaction et pour le bien de tous. La commune de la Roche-Guyon, chef-lieu de canton, district de Mantes, département de Seine et Oise, est à 15 lieues de Paris et de Rouen, entre les deux grandes routes de ces deux villes, et à 3 lieues de Mantes comme de Vernon. Sa position, très-circonscrite, est placée au Nord dans l'anse locale, et au pied d'une montagne primitive, qui donne son nom au pays; et au midi, elle est resserrée par le fleuve de la Seine, bordé par une prairie souvent inondée. Un bois de vaste étendue occupe en majeure partie la cîme et les revers de la montagne, d'où résulte que ce territoire, en général, est presque nul; et d'ailleurs comme le terrein de la montagne est agreste, aride, ingrat, souvent raviné, même en grande partie, incapable d'aucunes productions, il devient constant que le territoire de la Roche-Guyon ne peut jamais suffire à la nourriture de ses habitans, dont le nombre étoit, en 1791, de mille individus, et actuellement de onze cents environ, à cause de beaucoup d'étrangers qui sont venus y habiter. Mais de tous les tems il existe à la Roche-Guyon un marché qui se tient le mardi, et qui ordinairement y procuroit l'abondance en grains de toutes espèces, que les laboureurs de 3 à 4 lieues des environs y apportoient, et autres comestibles et denrées de tous genres, de sorte que tous les habitans de la Roche-Guyon et de tous les environs pouvoient commodément se pourvoir, chaque semaine, de tous les besoins de la vie. Il est essentiel d'ajouter ici, que la population de la Roche-Guyon, ainsi que celle des onze communes qui en dépendent, et autres communes voisines qui se pourvoyent à ce marché, peut et doit être portée à environ dix mille personnes.

Nous ne fatiguerons point l'attention de la convention par le détail des différentes crises que ce marché a éprouvé en 1773, ainsi qu'à d'autres époques antérieures et ultérieures. Nous croyons même inutile de lui retracer, non le defaut absolu, mais le resserrement des subsistances depuis 1789, quoique malgré la grêle de 1788, la récolte de cette dernière année ait été suffisante, et que celle suivante, en y comprenant la présente année 1792, ayent toutes été abondantes.

Bien antérieurement à toutes ces époques, l'administration monarchique, principalement celle odieuse sous l'immoral abbé Terray, sacrifioit sans pudeur l'existance du peuple, en accaparant sa première, même son unique subsistance...... les grains.

Un sistême a succédé et prévalu sous Turgot, honnête homme, mais qui s'est trompé, en écoutant trop des personnes exaltées ou de mauvaise foi. Enfin l'assemblée nationale constituante et ensuite l'assemblée législative n'ont rien determiné sur les subsistances, si ce n'est que reconnoissant le principe moral et imprescriptible de la propriété, il a été décrété que la *vente et la circulation des grains* SERONT LIBRES dans tout le royaume (à présent république), et l'exportation à l'Etranger provisoirement défendue. Cette mesure de liberté indéfinie dans le commerce et la circulation des grains dans l'intérieur étoit juste, et auroit été suffisante, s'il avoit été, s'il est jamais possible, d'admettre, même de supposer, que les hommes sont tous doués de cette sagesse et de cette moralité qui les fait renoncer à toute cupidité.

De tous les besoins de la vie, la subsistance est la seule dont on ne puisse se passer; et de toutes les subsistances, le froment, comme toutes les autres sortes de bled, sont, en France, les bases de la vie pour le pauvre comme pour le riche.

Nous avons exposé ci-dessus, que l'ancienne administration monarchique *accaparoit les grains* : cela n'est que trop prouvé, ainsi que la tactique sûre, au moyen de la quelle les ministres, alors, faisoient monter à leur gré le prix des grains, d'où s'en suivirent la HAUSSE ou la BAISSE de tous les autres besoins.

Ce que les ministres faisaient alors, *il n'est que trop vrai que les cultivateurs, propriétaires ou fermiers*, le font aujourd'hui, autorisés par la lettre de la loi, qui rend libre la vente des grains ; ils ne garnissent plus les marchés, ou le peu qu'ils y portent de grains, est tellement inférieur aux besoins, que le prix est tout naturellement monté à un taux bien au-dessus de la faculté des indigens.

Cette hausse de prix est une grande calamité, sans doute, mais une autre calamité plus funeste, qui a déjà causé des évènemens désastreux, c'est que depuis long-tems cette pénurie de grains, dans les marchés, se soutient au point de craindre, par les personnes les plus réfléchies, qu'il n'en résulte de nouvaux malheurs.

Jusqu'à présent les citoyens en général, et sans exceptions, qui viennent au marché de la Roche-Guyon, l'indigent sur-tout, se sont comportés avec prudence, sagesse et de manière à ne mériter aucun reproche. Il est prouvé qu'en mars dernier des agitateurs criminels ont essayé d'émouvoir le peuple *en distribuant clandestinement et rapidement, des lettres*, le lundi, 12, veille du marché. La municipalité en a référé sur-le-champ au directoire du district de Mantes, qui pour éviter les suites de l'agitation qui se manifestoit, a envoyé une force nationale armée, qui a maintenu le calme ; mais ce moyen terrible ne peut, ne doit pas être répété, et dailleurs il finiroit par devenir insuffisant, illusoire, ou par augmenter les désastres, parce que le père de famille n'écoute plus que son desespoir, lorsque le foible salaire de son pénible travail à la main, il ne pouvoit et ne peut rapporter à sa femme et à ses enfans le grain necessaire à leur subsistance.

La mesure de la Roche-Guyon, ou le sac de froment, contenant 8 boisseaux, pese en première qualité environ 300 liv. dont le prix est ordinairement variable de 24 à 27 liv. relativement à cette même qualité de froment, ce qui porte le pain de 8 liv. à 16 sols.

Il est impossible à un journalier indigent de faire usage de cette sorte de pain pour sa subsistance et celle de sa famille, mais il trouve dans le froment inférieur, surtout dans le méteil, un prix que ses facultés peuvent atteindre lorsque celui de première qualité n'est pas trop haut.

Ce prix, depuis long-tems, a été porté et s'est soutenu de 30 à 40 liv., même à 60 liv. pendant quelques temps, et attendu qu'il arrive insensiblement toujours moins de grains sur le marché de la Roche-Guyon, la position de tout le canton devenoit et devient très-allarmante, surtout eu égard à la position de

ce

ce lieu qui est à 3 lieues de Mantes, comme de Vernon; parce que ces deux villes, placées sur la grand'route de Paris, se trouvant obligées de pourvoir à la subsistance de la grande quantité de volontaires nationaux qui passent journellement pour se rendre aux armées de la république, il leur faut un excédent considérable de grains.

D'autre part enfin, la ville de Rouen s'étant trouvée dans une disette réelle qui a été vérifiée, c'est dans cet ensemble de circonstances affligeantes et extrêmes, que la convention a décrété qu'il seroit fait un *récensement* des grains dans chaque commune.

Celle de la Roche-Guyon s'est empressée de satisfaire à cette loi provisoire; elle a envoyé des députations partielles et de paix chez les divers laboureurs qui avoient l'habitude de venir à son marché, pour les engager de continuer à le fournir.

Cette mesure n'a eu qu'un très-léger succès, au point que lors de la tenue des deux derniers marchés, tous les maires des communes voisines s'y étant rendus pour veiller à ce qu'il ne fût distribué du grain qu'aux citoyens reconnus pour n'en point avoir, il n'a pu être donné que deux boisseaux à chaque chef de famille, ce qui devenoit insuffisant pour plusieurs d'entr'eux qui ont beaucoup d'enfans.

On assure, et il paroît certain, que la ville de Mantes et de Vernon, et surtout cette dernière, éprouvent les mêmes détresses.

Voilà le mal réellement existant, et *dont les suites fâcheuses pourront devenir incalculables.*

Voici les idées que les pétitionaires soussignés s'empressent de mettre sous les yeux des représentans conventionels et de soumettre à leur examen pour remédier à un fléau aussi positif, qu'il est important et allarmant sous tous les rapports.

L'ensemble de ce grand objet se réduit à 3 mots : *propriété*, *liberté*, *existence.*

En général, sans doute, tout propriétaire est et doit être maître de disposer de ce qui lui appartient. A cet égard, on conçoit et on répète que le décret sur la liberté du commerce des grains est dans la conséquence des principes.

Mais si on calcule, *comme on le doit*, toute l'importance de première nécessité qui existe dans la marchandise des grains, il est impossible, pour l'ame sensible, même pour celle qui n'est pas entièrement corrompue, de ne pas être effrayé de tous les désastres qui peuvent résulter *des coalitions si usitées, si faciles, si connues*, entre les fermiers, gros cultivateurs sur-tout, et les grands et petits monopoleurs et accapareurs. Enfin, considérant d'une part tout ce qui est à la propriété, à la liberté, et balançant, en moralité, cette considération avec ce que l'on doit impérativement accorder à la subsistance, au bien, au salut du peuple et du *peuple indigent* : considérant encore, que, d'après toutes les données en résultat d'une ancienne et récente expérience, généralement acquise sur la grande importance des grains et de son commerce, et aussi sur la certitude que la liberté indéfinie de ce commerce ne suffira jamais pour établir l'abondance et la confiance :

Les pétitionnaires soussignés présentent et soumettent à la convention nationale les dispositions suivantes de réglement général sur les subsistances.

ARTICLE PREMIER.

Les cultivateurs, propriétaires ou fermiers, seront obligés de garnir les marchés à leurs choix, dans le rayon de 4 ou 6 lieues de leur résidence.

II.

Ils seront tenus de porter auxdits marchés, annuellement et sans interruption, *le quart*, *le tiers ou la moitié* en froment ou autres bleds de leurs récoltes de chaque année ; lesquelles quotités de *quart*, de *tiers* ou de *moitié*, seront réglées et fixées annuellement en décembre sur les évaluations des *bonnes*, des *médiocres* ou des *mauvaises* récoltes généralement faites dans la république française.

III.

Tous les cultivateurs, propriétaires ou fermiers, SERONT OBLIGÉS DE FAIRE, AVANT LE 15 DÉCEMBRE DE CHAQUE ANNÉE, LEURS DÉCLARATIONS PUBLIQUES, DANS LEURS MUNICIPALITÉS RESPECTIVES, DES QUANTITÉS ET QUALITÉS DES GERBES DE TOUS GRAINS QU'ILS AURONT RÉCOLTÉES.

IV.

Tous et un chacun desdits cultivateurs, propriétaires ou fermiers, qui ne se conformeront pas très-exactement aux dispositions ci-dessus exprimées, seront condamnés pour la première fois à une amende graduelle de cent livres jusqu'à mille livres, suivant la nature du délit, et ainsi qu'il sera arbitré sommairement par les autorités des lieux. En cas de récidive, les contrevenans seront privés pour dix ans de la qualité de citoyen français.

DÉVELOPPEMENT SUR CES DISPOSITIONS.

En décembre de chaque année, il sera aussi aisé que sûr, de connoître l'ensemble des produits en grains dans chaque département, conséquemment dans toute la république française, par la réunion dans chaque district des états des communes de son arrondissement ; par le renvoi ensuite du résumé desdits états, fait par les districts au département ; et par le recensement que chaque département fera et enverra à l'assemblée nationale, des produits annuels des grains de son ressort.

Ce produit général en grains de la république résultera et sera notoirement connu par la quantité de GERBES, nécessaires pour former dans chaque territoire la mesure locale, en attendant que toutes les mesures soient uniformes, ainsi *que cela est projetté.*

On saura également, et toujours aisément, dans chaque territoire, dans chaque commune, dans chaque canton, que tel cultivateur a récolté mille GERBES, et tel autre deux cents ; de sorte que le premier aura cent mesures, et le second vingt, à raison de dix gerbes (supposées ici) nécessaires pour faire ladite mesure ; sur quoi l'un et l'autre devant prélever ses besoins pour la subsistance de sa maison et pour ses semences directes ou indirectes, alors il devra porter aux marchés l'excédent desdits prélèvemens par *quart, tiers* ou *moitié :* ce qui s'établira encore aisément et légalement, par un certificat de la municipalité du cultivateur vendeur, lequel certificat fixera les quantités que le cultivateur devra porter aux marchés de son arrondissement, et sur lequel certificat le vendeur fera inscrire à fur et mesure les quantités partielles qu'il y portera, par la municipalité desdits lieux où se tiennent les marchés.

On ne manquera pas d'objecter que ces moyens attaquent la liberté de la propriété et même la liberté du commerce ; et au premier apperçu, cela paroît plausible.

Mais on ne sauroit trop le répéter : l'expérience ancienne et récente ayant démontré avec la plus positive évidence, que la cupidité, le monopole, les accaparemens, la fraude, même le resserrement, existent en se couvrant de l'autorité de la loi qui rend libre la vente du grain ; alors il sera impossible d'hésiter entre la certitude ou l'incertitude des moyens de subsistance de cette immense majorité du peuple pauvre et indigent, en laissant exister le danger reconnu d'une LIBERTÉ ABUSIVE.

Enfin si dans les moyens proposés on considère loyalement et avec toute l'attention que ce sujet très-important commande, qu'il reste aux cultivateurs les *trois quarts*, *les deux tiers*, *ou la moitié* de leur récolte annuelle, pour faire circuler du nord au midi, du levant au couchant, et par-là assurer la subsistance dans les grandes villes qui consomment beaucoup en ne récoltant rien, telles que Paris et autres ; pour assurer les besoins de nos colonies, pour emmagasiner sans frais, sans obligation à des surveillances toujours vaines ; enfin sans devoir craindre les abus de tous genres qui résultent de la formation des pretendus greniers d'abondance ; plus encore, dans des années successives d'abondance, pour exporter au dehors, ainsi et comme (dans cette supposition) le pouvoir législatif le jugeroit pouvoir et devoir être alors.

D'après cesdifférens dévloppemens, on pense que les moyens proposés sont conciliatoires avec le droit impératif du peuple à sa subsistance, avec les droits de la propriété, avec la liberté et le bien du commerce, en même temps qu'on devra en espérer le retour du calme général, parce que les criminels agitateurs, malveillans ou seulement les gens odieusement cupides, ne pourront plus abuser du grand moyen des subsistances.

Nota. Cette pétition a été signée par 84 citoyens tant de la Roche G yon que des environs, et l'original a été remis du 17 au 20 Octobre 1793, au citoyen D. puy, l'un des députés du département de Seine et Oise ; en même temps il en a été distribué 12 à 14 copies à plusieurs autres des citoyens députés à la convention.

Le tems presse, et il a manqué pour être bref, sans quoi il auroit été possible de réduire, d'abréger ce qui vient d'être exposé. — Au contraire, en s'appuyant encore de l'opinion du législateur Barrère, portant la parole au nom du comité de salut public, que l'on vient de lire dans le *moniteur* du 27 courant (août) on en donne, ici, une copie littérale avec des notes que l'on croit très-essentielles.

SUR LES SUBSISTANCES.

Séance de la convention, du 25 août 1793.

BARRÈRE, au nom du comite de salut public.

Citoyens, les malveillans ne laissent échapper aucune occasion de semer des inquiétudes: ils s'attachent aujourd'hui à empêcher les subsistances d'arriver à Paris. Ils se servent, pour cela, de la loi du premier juillet. --- Il faut convenir que cette loi détruit tous les bons effets de celle du 4 mai. --- La loi du premier juillet est une loi révolutionaire commandée par les circonstances ; mais lorsque des circonstances plus fortes la rendent nuisible, il faut la rapporter.

Le nombre des commissaires envoyés dans les départemens abondans (1) en bled, est immense. Ils s'entravent dans leurs achats, et font renchérir le bled. Voilà deux grands inconvéniens

---

(1) On ne connoîtra réellement la véritable et relative abondance de tel ou tel département, qu'après un *récensement* fait avec soin pendant les mois d'octobre et novembre de chaque année, des produits de grains de toute nature, employés aux subsistances dans la république, et ce récensement doit être fait localement et *publiquement* dans chaque commune ; cette précaution préalablement indispensable a été éloignée lorsqu'elle a été proposée en novembre 1792, telle qu'on l'avoit préjugée nécessaire dès le mois de juin précédent : on l'invoque de nouveau aujourd'hui en indiquant les moyens faciles et sûrs d'y parvenir. Page 20. Art. 3.

conveniensque nous ont fait sentir le maire et le procureur-syndic du département de Paris.

Un principe reconnu, c'est que la meilleure loi sur les subsistances, c'est leur libre (1) circulation : c'est le seul moyen de voir beaucoup de grain dans les marchés, et c'est dans les marchés que se font les bons achats.

La loi du premier juillet qui permet aux citoyens d'aller s'approvisionner chez les particuliers abondans, a été décrétée avant que la récolte fût faite. Aujourd'hui que tous les greniers regorgent de bled, *les fermiers ne manqueront pas d'en apporter dans les villes qui n'en ont pas.* (2)

Le comité de salut public vous propose de rapporter la loi du premier juillet, et d'auto-

---

(1) Oui, mais en surveillant les abus et d'ailleurs dans le moment très-critique actuel, les individus d'une commune, qui n'ont point de subsistance, ne peuvent se déterminer à en laisser enlever sous leurs yeux. Le désespoir, alors, les porte aux imprudences, aux excès criminels, sans doute. --- C'est donc aux législateurs à tout prévoir.

(2) Les fermiers et tous autres propriétaires de grains nouveaux, ou de grains resserrés de la récolte de 1792, ne se détermineront à apporter aux marchés, dans les rayons de 4, ou 6 lieues au plus, de leur demeure, qu'autant qu'une nouvelle loi très-positive, les y obligera.

Ensuite les fermiers ne peuvent approvisionner les villes qui sont à une trop grande distance de leur domicile --- Ce n'est pas du bled qu'il faut sur la halle de Paris, c'est de la farine. --- Paris, d'ailleurs, ne peut être approvisioné dans les 12 à 15 lieues de son rayon, sans exposer les citoyens de ce rayon, à mourir de faim. C'est donc au commerce, seul, à faire cet approvisionnement de Paris et des grandes villes, sous la surveillance des autorités constituées, qui ne doivent, elles mêmes, agir que la loi sous les yeux.

riser le conseil exécutif à faire des requisitions pour approvisionner les départemens qui manquent de subsistances.

Adopté et décrété, etc. etc.

R. *RIVES, Citoyen Français, né et domicilié à Paris depuis 65 ans passés, dans la même demeure, section et rue des Gravilliers, n°. 36, actuellement à sa maison à la Roche-Guyon, ce 29 août 1793, l'an deuxième de la république française une et indivisible.*

A PARIS, de l'imprimerie de GUERIN, rue des Boucheries Sainr-Honoré, N°. 913. 1793.

www.ingramcontent.com/pod-product-compliance
Ingram Content Group UK Ltd.
Pitfield, Milton Keynes, MK11 3LW, UK
UKHW021117290826
14628UKWH00014B/2645

9 782013 382120